NIKKA WHISKY

ニッカウヰスキー
アレンジレシピ

ブラックニッカでつくる**92**品

PROLOGUE

「日本人に本物のウイスキーを飲んでもらいたい」

ニッカウヰスキー創業者・竹鶴政孝は、

その思いを胸に、人生のすべてをウイスキーづくりに捧げました。

様々なシーンでウイスキーが飲まれるようになった今、

その楽しみ方はどんどん広がっています。

ニッカウヰスキー公式Twitterでは、

日々、ウイスキーのアレンジレシピや、

お酒に合うおつまみの情報を配信中。

本書は、そんな公式Twitterオリジナルのレシピに加え、

新たに開発したレシピまでたくさんご紹介しています。

ウイスキーが1本あれば、

ハイボールからおつまみ、スイーツまで楽しめる。

ウイスキーのおいしい可能性を

皆さまにお届けできれば幸いです。

本書で使用している
ブラックニッカについて

ウイスキーっておもしろい。ウイスキーの魅力をもっと広く、深く、伝えたい。より多くの人に、おいしいウイスキーを楽しんでほしい、という竹鶴政孝から受け継いだ信念により、ブラックニッカブランドは常にウイスキーの可能性を発見し、提案しています。本書では、味わいや香りの違いを楽しめる3種のブラックニッカをレシピに使用しています。まずはそれぞれの特徴をご紹介。

飲み飽きない軽やかな味わい
ブラックニッカ クリア

[アルコール度数 **37**%]

クセのないやわらかな香りのモルト原酒と、ほのかに甘いグレーンウイスキーが、互いに個性を引き立てながら、すっきりと調和しています。クリアな飲み心地で、口当たりがよく、後味もさわやか。どんな飲み方でも楽しめる、カジュアルなブレンデッドウイスキーです。

華やかな香りと広がる豊かなコク
ブラックニッカ リッチブレンド
アルコール度数40%

シェリー樽で熟成を重ね、フルーティーで華やかな香りを身につけたモルト原酒と、ほのかな甘みとしっかりとしたコクを感じるカフェグレーンを調和させたブレンデッドウイスキー。それぞれの個性が溶け合い、長い余韻を導きます。まろやかに広がるコクを楽しむロックや、泡とともに立ち上るフルーティーな香りを楽しむハイボールがおすすめ。

濃厚な味わいと心地よい余韻
ブラックニッカ ディープブレンド
アルコール度数45%

ブラックニッカ史上最も濃厚なディープブレンド。新樽で熟成を重ねたウッディな香りを漂わせる力強いモルトが、樽の香り豊かなカフェグレーンと深く溶け合い、濃密で複雑な味わいとなって広がります。心地よく続く、ほのかにスモーキーなピート（原料の乾燥に使う草炭）の余韻の後に感じるのは、染みわたるようなアルコール度数45%の飲みごたえ。新樽の甘さや濃厚な香りを楽しみたいならロック、ピートの個性を感じたいならハイボールで。

CONTENTS

- 2 PROLOGUE
- 4 本書で使用している ブラックニッカについて
- 8 本書の使い方

PART1 アレンジドリンク

- 10 ジンジャーローズマリーハイボール
- 11 すだちハイボール
- 12 ゆずトニックハイボール
- 13 フローズンレモンソルティハイボール
- 14 フローズンピーチハイボール
- 15 フローズンミックスベリーハイボール
- 16 フローズンオレンジバルサミコハイボール
- 17 Wアップルハイボール
- 18 ぶどうとアロエのハイボール
- 19 梅干しとはちみつのハイボール
- 20 グレープフルーツとガリのハイボール
- 21 ウイスキーメロンフロート
- 22 フローズンパインとブラックタピオカのココナッツミルクウイスキー
- 23 ブラッディウイスキー
- 24 アイスカフェキューブウイスキーミルク
- 25 グリーンウイスキー
- 26 バナナ豆乳ウイスキー
- 27 マンゴーヨーグルトウイスキー
- 28 ももミルクウイスキー
- 29 ホットショコラウイスキー
- 30 甘酒ウイスキー
- 31 ウイスキーホットオレンジ
- 32 ウイスキーコーヒー
- 33 ホットメイプルウイスキー

PART2 漬込み酒

- 36 漬込み酒を作る前に
- 38 いちご&ブルーベリー
- 39 りんご&シナモン
- 40 みかん&レモン
- 41 アールグレイ&ドライプルーン
- 42 コーヒー&バニラ
- 43 ミニトマト
- 44 梅
- 45 きんかん&はちみつ
- 46 オレンジ&カモミール
- 47 ローズヒップ&はちみつ
- 48 もも缶
- 49 ライム
- 50 オレンジ&グレープフルーツ
- 51 ラズベリー&ブルーベリー
- 52 オレンジ&いちご

- 53 オレンジピール
- 54 パイナップル&ククの実
- 55 ブルーベリー&オレンジピール
- 56 マンゴー
- 57 新しょうが
- 58 パイナップル&ライム
- 59 ブルーベリー
- 60 グレープフルーツ
- 61 メロン&バニラ
- 62 煎茶
- 63 黒ごま

取り出した果物のアレンジレシピ

- 64 いちご&ブルーベリージャム
  オレンジ&グレープフルーツソース
- 65 きんかんとパイナップル&
  ライムのソフトドライ
  プルーンクリームチーズ

🍾 PART3
おつまみ

- 68 ウイスキー漬け半熟卵
- 69 豆腐のウイスキー味噌漬け
- 70 ウイスキーピクルス
- 71 ウイスキー昆布〆
- 72 ウイスキーから揚げ
- 74 あさりのウイスキー蒸し
- 76 ウイスキーレーズンバター
- 77 ウイスキー蒸し野菜
- 78 ウイスキーレバーペースト
- 80 蒸しタコとじゃがいもの
  ガリシア風
- 81 アスパラガスソテーと
  チーズソース
- 82 エビとアボカドと
  ミニトマトのカクテル
- 83 しいたけと長ねぎとベーコンの
  ウイスキーバルサミコマリネ
- 84 ウイスキー角煮
- 86 ウイスキーきんぴらごぼう
- 87 牡蠣のウイスキーオイル漬け
- 88 スモークサーモンと
  クリームチーズのカナッペ
- 89 グリルズッキーニと
  オリーブスプレッド
- 90 いぶりがっこクリームチーズ
  ポテトサラダ
- 91 オイルサーディンのしょうゆ焼き
- 92 角切りまぐろとアボカドの春巻き
- 93 れんこんブルーチーズ焼き

🍾 PART4
スイーツ

- 96 ウイスキーレーズン生チョコ
- 97 ウイスキー香る
  バゲットフレンチトースト
- 98 ウイスキーバタークッキー
- 100 ウイスキーオレンジマフィン
- 102 ウイスキーバナナケーキ
- 104 栗とウイスキーのブラウニー
- 106 ウイスキーレアチーズケーキ

108 ウイスキースイートポテト	**COLUMN**
110 ウイスキー焼きりんご	34 ニッカウヰスキーのはじまり
111 ウイスキーフルーツマリネ	66 ウイスキーの基本の飲み方
112 ウイスキープリン	94 ニッカウヰスキーの蒸溜所
114 ウイスキーシロップ杏仁豆腐	120 ウイスキーができるまで
116 ウイスキーコーヒーゼリー	
117 ウイスキーしぼり寒天	122 主な商品ラインアップ
118 ラズベリーウイスキーシャーベット	124 EPILOGUE
119 ウイスキー甘酒ミルクキャンディー	126 使用ウイスキー別INDEX

本書の使い方

使用ウイスキー

レシピで使用しているおすすめのウイスキーを紹介しています。好みによってアレンジしてもOK。

おすすめの飲み方（漬込み酒）

ストレート、ロック、ソーダ割りなど、レシピに合った飲み方を提案しています。

トッピングに　ストレート　ロック

ソーダ割り　牛乳割り　お湯割り

漬込み日数（漬込み酒）

漬込んでから果物等を取り出すまでの漬込み日数（時間）を示しています。

材料・作り方について

- 材料の表記は
  1カップ=200ml (200cc)、
  大さじ1=15ml (15cc)、
  小さじ1=5ml (5cc) です。
- 電子レンジは600Wを使用しています。
- レシピには目安となる分量や調理時間を表記していますが、様子をみながら加減してください。
- 飾りで使用した材料は明記していないものがあります。お好みで追加してください。
- 野菜類は、特に指定のない場合は、洗う、皮をむくなどの下準備を済ませてからの手順を記載しています。
- 火加減は、特に指定のない場合は、中火で調理しています。

※飲酒は20歳になってから。飲酒運転は法律で禁止されています。
※おつまみ、スイーツにも、レシピによってはアルコールが含まれます。

PART1
アレンジドリンク

ハイボールやカクテルなど、
アレンジドリンクのレシピをご紹介。
味も見た目も本格的なドリンクで、
お家バーを楽しんで。

 さわやかなハーブの香り

ジンジャーローズマリー ハイボール

材料（1杯分）

ブラックニッカ クリア
　…30ml
ジンジャーエール … 120ml
しょうが（すりおろし）… 少々
ローズマリー … 1枝
レモン（くし形切り）… 1/8個
氷 … 適量

作り方

❶ グラスに氷をたっぷり入れ、ブラックニッカ クリアを注ぐ。

❷ 冷やしたジンジャーエールを注ぎ、しょうがを加えて軽く混ぜる。

❸ ローズマリーの枝を挿して、お好みで切り込みを入れたレモンをグラスのふちに添える。

 すっきりした味で食事にも合う
すだちハイボール

材料（1杯分）

ブラックニッカ クリア
　… 30ml
すだち … 1個
ガムシロップ … 1個（10g）
炭酸水 … 100ml
氷 … 適量

作り方

① すだちは皮ごとよく洗い、4等分に切る。

② グラスにすだちをしぼり入れ、実も入れる。

③ ブラックニッカ クリアとガムシロップを入れてよく混ぜ、氷をたっぷり入れる。冷やした炭酸水を注ぎ、軽く混ぜる。

ほんのりビターな味わい
ゆずトニックハイボール

材料(1杯分)

ブラックニッカ クリア
　…30ml
ゆず … 1/4個
トニックウォーター … 120ml
氷 … 適量

作り方

❶ ゆずはしぼって種を取り除き、皮を薄くむく。

❷ グラスに氷をたっぷり入れる。ゆずのしぼり汁、ブラックニッカ クリアを注ぐ。

❸ 冷やしたトニックウォーターを注ぎ、ゆずの皮を加えて軽く混ぜる。

 スノースタイルでおしゃれに

フローズンレモンソルティハイボール

材料(1杯分)

ブラックニッカ クリア … 30ml
レモン … 1個
粗塩 … 適量
炭酸水 … 120ml

作り方

❶ レモンは皮ごとよく洗い、輪切りにして冷凍する。

❷ グラスの口を水で濡らして粗塩をつけ、①を入れてブラックニッカクリアを注ぐ。

❸ 冷やした炭酸水を注ぎ、軽く混ぜる。

みずみずしいももを使って

フローズンピーチハイボール

材料（1杯分）

ブラックニッカ クリア
　…30ml
もも…1/2個
レモン汁…小さじ1
ピーチジュース…40ml
炭酸水…60ml

作り方

❶ ももは種を取ってくし形に切り、レモン汁をまぶして冷凍する。

❷ グラスに①を入れ、ブラックニッカ クリアを注ぐ。

❸ 冷やしたピーチジュースを注いでよく混ぜた後、冷やした炭酸水を注ぎ、軽く混ぜる。

 甘酸っぱいベリーがたっぷり

フローズンミックスベリー ハイボール

材料（1杯分）

ブラックニッカ リッチブレンド
　… 30ml
いちご … 6個
ラズベリー、ブルーベリー
　… 合わせて60g
炭酸水 … 100ml
ミント … 適宜

作り方

❶ いちごはヘタを取り、輪切りにする。ラズベリー、ブルーベリーと合わせて冷凍する。

❷ グラスに①を入れ、ブラックニッカ リッチブレンドを注ぐ。

❸ 冷やした炭酸水を注ぎ、軽く混ぜる。お好みでミントをのせる。

 バルサミコのコクがベストマッチ

フローズンオレンジバルサミコハイボール

材料（1杯分）

ブラックニッカ リッチブレンド … 30ml
オレンジ … 1/2個
バルサミコ酢 … 大さじ1
炭酸水 … 120ml

作り方

❶ オレンジは皮をむいて果肉を取り出し、冷凍する。

❷ グラスにバルサミコ酢と①を入れ、ブラックニッカ リッチブレンドを注ぐ。

❸ 冷やした炭酸水を注ぎ、軽く混ぜる。

 りんごの食感の違いを楽しんで

Wアップルハイボール

材料（1杯分）

ブラックニッカ クリア … 30ml
りんご … 1/3個
炭酸水 … 100ml
レモン（くし形切り） … 1/8個
氷 … 適量

作り方

❶ りんごは半分すりおろし、半分は細切りにする。

❷ グラスに氷をたっぷり入れ、ブラックニッカ クリアを注ぐ。

❸ すりおろしりんごと炭酸水を注いで軽く混ぜ、細切りりんごを加える。お好みで切り込みを入れたレモンをグラスのふちに添える。

食感とさわやかな香りが楽しめる

ぶどうとアロエのハイボール

材料（1杯分）

ブラックニッカ リッチブレンド
　…30ml
ぶどう（皮ごと食べられるもの）
　…6粒
アロエ（シロップ漬け）…30g
炭酸水…120ml
氷…適量

作り方

❶ ぶどうは皮ごとよく洗い、半分に切る。アロエはシロップをきる。

❷ グラスに氷をたっぷり入れる。①を入れ、ブラックニッカ リッチブレンドを注ぐ。

❸ 冷やした炭酸水を注ぎ、軽く混ぜる。

まろやかでやさしい酸味
梅干しとはちみつのハイボール

材料（1杯分）
ブラックニッカ クリア
　…30ml
梅干し（はちみつ漬け）…1粒
はちみつ…小さじ1
炭酸水…120ml
氷…適量

作り方
❶ グラスに梅干しとはちみつを入れてマドラーで軽くつぶし、氷をたっぷり入れる。

❷ ブラックニッカ クリアを注ぎ、冷やした炭酸水を注いで軽く混ぜる。

 ガリの酸味がアクセント

グレープフルーツとガリのハイボール

材料（1杯分）

ブラックニッカ クリア
　…30ml
グレープフルーツ … 1/3個
しょうが（甘酢漬け）…5g
炭酸水 … 120ml
氷 … 適量

作り方

❶ グレープフルーツは皮をむき、果肉を取り出す。

❷ グラスに水気をきったしょうがを入れ、グレープフルーツと氷を交互に入れる。

❸ ブラックニッカ クリアを注ぎ、冷やした炭酸水を注いで軽く混ぜる。

ちょっとぜいたくなデザートカクテル

ウイスキーメロンフロート

材料（1杯分）

ブラックニッカ
　ディープブレンド … 30ml
メロン … 1/8個（100g）
炭酸水 … 80ml
バニラアイス … 適量
氷 … 適量

作り方

① メロンはざく切りにして、ミキサーに入れる。炭酸水の半量を加えて攪拌する。

② グラスに氷を入れて①とブラックニッカ ディープブレンドを入れる。

③ 冷やした残りの炭酸水を注いで軽く混ぜ、バニラアイスをのせる。

 食感が楽しいアジアンカクテル

フローズンパインとブラックタピオカの ココナッツミルクウイスキー

材料(1杯分)

ブラックニッカ
　リッチブレンド … 30ml
パイナップル … 100g
タピオカ(乾燥) … 15g
ココナッツミルク
　… 50ml
牛乳 … 50ml

作り方

❶ パイナップルは一口大に切って冷凍する。タピオカは水に2時間浸す。

❷ 鍋に湯を沸かしてタピオカを10分茹で、冷水にとる。耐熱容器にココナッツミルクを入れ、電子レンジで15秒加熱して冷ます。

❸ グラスに水気をきったタピオカとココナッツミルク、牛乳を入れてよく混ぜる。パイナップルを入れてブラックニッカ リッチブレンドを注ぎ、軽く混ぜる。

ウイスキー&トマトのハーモニー

ブラッディウイスキー

材料（1杯分）

ブラックニッカ
　リッチブレンド … 40ml
粗塩 … 適量
トマトジュース … 120ml
オレンジ（輪切り）… 1枚
氷 … 適量

作り方

❶ グラスの口を水で濡らして粗塩をつける。グラスに氷をたっぷり入れる。

❷ トマトジュースとブラックニッカリッチブレンドを注ぎ、軽く混ぜる。切り込みを入れたオレンジをグラスのふちに添える。

氷が溶けるほどビターに変化

アイスカフェキューブ ウイスキーミルク

材料（1杯分）

ブラックニッカ
　ディープブレンド … 30ml
インスタントコーヒー（顆粒）
　… 小さじ1
湯 … 100ml
牛乳 … 100ml
練乳 … 大さじ1

作り方

❶ インスタントコーヒーを湯で溶かし、粗熱が取れたらアイストレーに注ぎ入れて冷凍する。

❷ グラスに牛乳と練乳を入れてよく混ぜ、①をそっと入れる。ブラックニッカ ディープブレンドを注ぎ、軽く混ぜる。

緑の野菜&フルーツでさわやかに
グリーンウイスキー

材料（1杯分）

ブラックニッカ クリア … 30ml

キウイ … 1/2個（50g）

ケール … 15g

セロリ … 10g

グレープフルーツジュース
　… 80ml

キウイ（輪切り）… 1枚

作り方

❶ キウイは皮をむいてざく切りにする。ケール、セロリは1cm幅に切る。

❷ ミキサーに①とグレープフルーツジュースを入れて攪拌し、なめらかになったらブラックニッカ クリアを加えて軽く混ぜ、グラスに注ぐ。切り込みを入れたキウイの輪切りをグラスのふちに添える。

きな粉をのせて和テイストに

バナナ豆乳ウイスキー

材料(1杯分)

ブラックニッカ
 ディープブレンド … 30ml

バナナ … 1本(90g)

豆乳 … 100ml

はちみつ … 小さじ1

きな粉 … 適量

作り方

❶ バナナは小口切りにして冷凍する。

❷ ミキサーに❶と豆乳、はちみつを入れて撹拌し、なめらかになったらブラックニッカ ディープブレンドを加えて軽く混ぜる。

❸ グラスに注ぎ、きな粉をのせる。

 華やかでおもてなしにもぴったり

マンゴーヨーグルトウイスキー

材料（1杯分）

ブラックニッカ
　リッチブレンド … 30ml
マンゴー … 1/6個（60g）
ヨーグルト（無糖）… 100g
ガムシロップ … 1/2個（5g）
マンゴー（さいの目切り）、
　ミント … 飾り用に各適量

作り方

❶ マンゴーはさいの目に切って冷凍する。

❷ ミキサーに①とヨーグルト、ガムシロップを入れて攪拌し、なめらかになったらブラックニッカ リッチブレンドを加えて軽く混ぜる。

❸ グラスに注ぎ、飾り用のマンゴーとミントをのせる。

ミルキーでやさしい味わい

ももミルクウイスキー

材料（1杯分）

ブラックニッカ
　リッチブレンド … 30ml
白桃（缶詰）… 1/3缶（80g）
牛乳 … 80ml
レモン（小さないちょう切り）、
　ブルーベリー
　　… 飾り用に各適量

作り方

❶ もも缶はシロップをきり、さいの目に切って冷凍する。

❷ ミキサーに①と牛乳を入れて撹拌し、なめらかになったらブラックニッカリッチブレンドを加えて軽く混ぜる。

❸ グラスに注ぎ、レモンとブルーベリーをのせる。

 チョコ好きに贈るリッチな味わい
ホットショコラウイスキー

材料（1杯分）

ブラックニッカ
　リッチブレンド … 30ml
牛乳 … 100ml
チョコレート … 25g
マシュマロ … 適宜

作り方

❶ 小鍋に牛乳を入れて沸騰直前まで温め、チョコレートを加えて溶かす。

❷ ホット用グラスにブラックニッカリッチブレンドを注ぎ、①を入れて軽く混ぜる。

❸ お好みでマシュマロを浮かべる。

まろやかな口あたり
甘酒ウイスキー

材料（1杯分）

ブラックニッカ
　リッチブレンド … 30ml
甘酒 … 60ml
しょうが（すりおろし）… 適量
レモンの皮 … 適量

作り方

❶ 小鍋に甘酒を入れて人肌に温める。

❷ ホット用グラスにブラックニッカリッチブレンドを注ぎ、①を入れて軽く混ぜる。

❸ しょうがとレモンの皮をのせる。

 ほんのりシナモンが香る
ウイスキーホットオレンジ

材料(1杯分)

ブラックニッカ
　ディープブレンド … 30ml
オレンジジュース … 120ml
シナモンスティック … 1本
オレンジ(輪切り) … 1枚

作り方

❶ 小鍋にオレンジジュースを入れて人肌に温める。

❷ ホット用グラスにブラックニッカディープブレンドを注ぎ、①を入れる。

❸ シナモンスティックで軽く混ぜ、オレンジを加える。

じんわり温まるほろ苦カクテル

ウイスキーコーヒー

材料（1杯分）

ブラックニッカ クリア … 30ml
コーヒー … 150ml
砂糖 … 小さじ1
生クリーム … 適量
シナモンパウダー … 適宜

作り方

❶ ホット用グラスにブラックニッカ クリアを注ぎ、温かいコーヒーを注ぐ。

❷ 砂糖を加えて軽く混ぜ、五分立てにした生クリームを浮かべる。お好みでシナモンパウダーをふる。

PART1 arrange drink recipe

 "お湯割り"にメイプルシロップをプラス
ホットメイプルウイスキー

材料(1杯分)

ブラックニッカ リッチブレンド
　… 30ml
メイプルシロップ … 大さじ1
湯 … 120ml
レモン(輪切り) … 1枚

作り方

① ホット用グラスにブラックニッカ リッチブレンドとメイプルシロップを入れてよく混ぜる。

② 湯を注いで軽く混ぜ、お好みでレモンを加える。

ニッカヰスキーのはじまり

創業者・竹鶴政孝がニッカヰスキーをはじめるまでの
軌跡を見ていくぞい。竹鶴政孝の歴史は、
日本のウイスキー誕生の歴史でもあるんじゃ。

単身、24歳で渡英

広島県の醸造家に生まれた政孝は、摂津酒造に入社、やがて社長の認めるところとなり、スコットランドへの留学を果たします。留学先のグラスゴー大学では書物で勉強する日々が続いていましたが、政孝の熱意が通じ、蒸溜所での実地研修が実現することになりました。

生涯の伴侶との運命の出会い

スコットランド女性リタとの出会いは、終生政孝を支えました。リタの弟の柔道の教師として付き合ううち、お互いを認めあうようになったのです。リタは結婚に反対する周囲を押し切って、竹鶴のもとに嫁入りしました。政孝25歳、リタ23歳のことです。

理想の環境を求めて北海道へ

1920年ウイスキーづくりの舞台を日本に移します。しかし、世は第一次世界大戦後の苦しい時代。醸造計画書が受け入れられず、政孝は摂津酒造を辞しました。北海道・余市がニッカの前身「大日本果汁株式会社」の出発の地となり、1940年に初のウイスキーである「ニッカウヰスキー」が誕生しました。

PART2
漬込み酒

お好みの果物を漬込むだけで、
漬込みウイスキーの完成。
ロックやソーダ割り、牛乳割りなど
いろいろな飲み方で味わって。

漬込み酒を作る前に

早いものでは数時間〜数日で飲める漬込み酒のレシピをご紹介。
様々な果物で作って味比べをしたり、
飲み方のアレンジをしたりして楽しんで。

漬込み酒と酒税法について

ご家庭で漬込み酒を作る場合、下記を必ずお守りください。

1. 消費者が、自ら消費するために作るものでなければならず、販売してはならない。(法43条11項)

    「自ら消費するため」の範囲とは、同居の親族が消費するためのものを含む(法令解釈通達による)

2. アルコール度数が、20度以上のお酒を使用しなければならない。(令50条14項)

3. ぶどう、やまぶどうは、果実の酒の原料にはできません。(規則13条3項2号)

4. 米、麦、あわ、とうもろこし、こうりゃん、きび、ひえ、でんぷんを使用することはできません。(規則13条3項1号)

出典:日本蒸留酒酒造組合ホームページ「焼酎SQUARE」

おいしい漬込み酒を作るための3つのポイント

おいしく作るためのポイントを押さえれば、自分でもいろいろなアレンジができるようになります。好きな果物で作ってみて！

POINT ①

果物などは水洗いしてふいておく

ウイスキーに漬込む前に、果物などはていねいに水洗いすることが大切です。洗った後はキッチンペーパーなどで水気をよくふき取ってから使うようにしましょう。

POINT ②

保存瓶はよく洗って乾かす

漬込み用の保存瓶は、しっかりと蓋ができるものを選びましょう。使う前に中性洗剤などでよく洗い、しっかりと乾かしておくことが大事です。

POINT ③

漬込みは日光の当たらない場所で

漬込み期間中は、日光の当たらない冷暗所に保管するようにしましょう。出来上がった漬込み酒は、なるべく早くお召し上がりください。

飲み方
ロック
ソーダ割り
トッピングに

2種のベリーで見た目もかわいく
いちご&ブルーベリーの漬込み酒
[漬込み日数**6日**]

材料(300mlの保存瓶)

- ブラックニッカ クリア … 150ml
- いちご … 9個(90g)
- ブルーベリー … 30g
- 砂糖 … 30g

作り方

① いちごはヘタを取り、縦半分に切る。

② 保存瓶にいちご、ブルーベリー、砂糖を入れ、ブラックニッカ クリアを注ぐ。

Arrange
取り出した果物に水、砂糖などを加えてジャムに。アレンジレシピはP.64へ。

PART2 liqueur recipe

飲み方

ロック

お湯割り

牛乳割り

芳醇な香りが楽しめる
りんご&シナモンの漬込み酒
[漬込み日数**5〜6日**]

材料(300mlの保存瓶)
ブラックニッカ クリア
　…150ml
りんご…1/2個(120g)
シナモンスティック…1/2本
砂糖…50g

作り方
1. りんごは皮ごとよく洗い、芯を取り除いて角切りにする。
2. 保存瓶にりんごとシナモンスティック、砂糖を入れ、ブラックニッカ クリアを注ぐ。

飲み方

ストレート

ロック

ソーダ割り

柑橘のフレッシュな香り
みかん&レモンの漬込み酒

[漬込み日数 **3**日]

材料（300mlの保存瓶）

ブラックニッカ クリア
　　…150ml
みかん … 1～2個(70g)
レモン果肉 … 1個分(40g)
砂糖 … 25g

作り方

① みかんは皮ごとよく洗う。皮をむいて白いわたと筋と芯を取り除き、横半分に切る。むいた皮も白いわたと筋を取り除く。レモンは皮をむいて果肉を取り出す。

② 保存瓶にみかんとみかんの皮、レモン果肉、砂糖を入れてブラックニッカ クリアを注ぐ。

PART2 liqueur recipe

飲み方

ロック

ソーダ割り

牛乳割り

紅茶とプルーンは相性抜群

アールグレイ＆ドライプルーンの漬込み酒

[漬込み日数 **3～6時間**（アールグレイ）・**3日**（プルーン）]

材料（300mlの保存瓶）

ブラックニッカ クリア
　…200ml

アールグレイ（紅茶葉）
　…4g（ティーバッグ2g×2袋）

プルーン（ドライ）
　…3～4個（60g）

砂糖…20g

作り方

① アールグレイを不織布素材のお茶パックに入れる（ティーバッグを使う場合は紙のタグを切る）。プルーンは半分に切る。

② 保存瓶に①を入れてブラックニッカ クリアを注ぎ、砂糖を加える。

Arrange
クリームチーズと混ぜて。アレンジレシピはP.65へ。

飲み方

ロック

お湯割り

牛乳割り

甘いバニラの香りが楽しめる
コーヒー&バニラの漬込み酒
[漬込み日数**7**日]

材料（300mlの保存瓶）

ブラックニッカ クリア
　…150ml
バニラビーンズ（さやのもの）
　…1/2本
コーヒー豆…20g
砂糖…40g

作り方

① バニラビーンズはさやに縦に切り込みを入れ、包丁の背で種（バニラビーンズ）をこそげ取る。

② 保存瓶にコーヒー豆と取り出したバニラビーンズ、バニラビーンズのさや、砂糖を入れ、ブラックニッカ クリアを注ぐ。

PART2 liqueur recipe

飲み方

ロック

ソーダ割り

酸味と甘味のバランスが絶妙
ミニトマトの漬込み酒
[漬込み日数 **7〜10日**]

材料(300mlの保存瓶)

ブラックニッカ クリア
　　…150ml
ミニトマト…10個(100g)
レモン(輪切り)…2枚
砂糖…30g

作り方

① ミニトマトはヘタを取って、縦半分に切る。

② 保存瓶に①とレモン、砂糖を入れ、ブラックニッカ クリアを注ぐ。

※グラスの口を水で濡らして塩をつけるスノースタイルで飲むのがおすすめ。

ロック

ソーダ割り

トッピングに

漬込むことでまろやかな味に
梅の漬込み酒
[漬込み日数**30日**]

材料（300mlの保存瓶）

ブラックニッカ クリア
　…150ml
梅…4〜5個（90g）
砂糖…40g

作り方

❶ 梅はよく洗ってヘタを取り除き、水気をふき取る。

❷ 保存瓶に梅と砂糖を入れ、ブラックニッカ クリアを注ぐ。

PART2 liqueur recipe

飲み方

ロック

ソーダ割り

お湯割り

ほろ苦くて甘酸っぱい
きんかん&はちみつの漬込み酒

[漬込み日数**7日**]

材料（300mlの保存瓶）
ブラックニッカ クリア
　…150ml
きんかん…5〜6個（100g）
レモン（輪切り）…1枚
砂糖…30g
はちみつ…大さじ1

作り方
1. きんかんは皮ごとよく洗って横半分に切る。
2. 保存瓶にきんかんとレモン、砂糖、はちみつを入れ、ブラックニッカ クリアを注ぐ。

Arrange
取り出した果物をオーブンでソフトドライフルーツに。アレンジレシピはP.65へ。

飲み方
ロック
ソーダ割り

ほっと癒されるハーブの香り

オレンジ&カモミールの漬込み酒

[漬込み日数 **3〜6**時間（カモミール）・**7**日（オレンジ）]

材料（300mlの保存瓶）

ブラックニッカ クリア
　…150ml
オレンジ…2/3個（120g）
カモミールハーブティー
　…1g（ティーバッグ1g×1袋）
砂糖…20g

作り方

❶ オレンジは皮をむいて果肉を取り出す。カモミールを不織布素材のお茶パックに入れる（ティーバッグを使う場合は紙のタグを切る）。

❷ 保存瓶に❶と砂糖を入れ、ブラックニッカ クリアを注ぐ。

飲み方

ロック

ソーダ割り

お湯割り

豊かな風味とやさしい甘さ

ローズヒップ＆はちみつの漬込み酒

[漬込み日数 **3〜6時間**]

材料（300mlの保存瓶）
ブラックニッカ クリア
　… 250ml
ローズヒップハーブティー
　（ローズヒップ・ハイビスカス）
　… 5g（ティーバッグ2.5g×2袋）
はちみつ … 大さじ2

作り方
① ローズヒップとハイビスカスを不織布素材のお茶パックに入れる（ティーバッグを使う場合は紙のタグを切る）。
② 保存瓶に①を入れてブラックニッカ クリアを注ぎ、はちみつを加える。

飲み方

ロック

ソーダ割り

牛乳割り

甘いももの香りが漂う

もも缶の漬込み酒

[漬込み日数 **3**日]

材料（300mlの保存瓶）

ブラックニッカ クリア
… 150ml
白桃（缶詰）
… 1/2缶（120g）
砂糖 … 10g

作り方

❶ もも缶はシロップをきり、2cm角に切る。

❷ 保存瓶に①と砂糖を入れ、ブラックニッカ クリアを注ぐ。

PART2 liqueur recipe

飲み方

ロック

ソーダ割り

トッピングに

さわやかなライムが飲みやすい
ライムの漬込み酒

［漬込み日数**6**日］

材料（300mlの保存瓶）

ブラックニッカ クリア
　…150ml
ライムの皮…5g
ライム果肉…1個分（30g）
砂糖…20g

作り方

1. ライムは皮ごとよく洗い、白いわたが入らないように皮を薄くむく。果肉は白い皮を除いて輪切りにする。
2. 保存瓶にライムの皮と果肉、砂糖を入れ、ブラックニッカ クリアを注ぐ。

飲み方

ストレート

ロック

ソーダ割り

フルーティーでさわやか

オレンジ&グレープフルーツの漬込み酒

[漬込み日数 **7**日]

材料（300mlの保存瓶）
ブラックニッカ リッチブレンド
　…150ml
オレンジ…1/3個（60g）
グレープフルーツ（ルビー）
　…1/4個（60g）
砂糖…40g

作り方

① オレンジとグレープフルーツは皮をむいて果肉を取り出す。

② 保存瓶に①と砂糖を入れ、ブラックニッカ リッチブレンドを注ぐ。

Arrange
取り出した果物に水、調味料を加えてソースに。アレンジレシピはP.64へ。

PART2 liqueur recipe

飲み方

ロック

ソーダ割り

ベリーの香りが華やか

ラズベリー＆ブルーベリーの漬込み酒

[漬込み日数 **5**日]

材料（300mlの保存瓶）
ブラックニッカ リッチブレンド
　…150ml
ラズベリー…60g
ブルーベリー…60g
砂糖…40g

作り方

❶ 保存瓶にラズベリーとブルーベリー、砂糖を入れ、ブラックニッカ リッチブレンドを注ぐ。

飲み方

ストレート

ロック

ソーダ割り

2種のフルーツのハーモニー
オレンジ＆いちごの漬込み酒

[漬込み日数**7日**]

材料（300mlの保存瓶）

ブラックニッカ リッチブレンド
　…150ml
オレンジ … 1/3個（60g）
いちご … 6個（60g）
砂糖 … 60g

作り方

❶ オレンジは皮をむいて果肉を取り出す。いちごはヘタを取り、縦半分に切る。

❷ 保存瓶に①と砂糖を入れ、ブラックニッカ リッチブレンドを注ぐ。

PART2 liqueur recipe

飲み方

ストレート

ロック

ソーダ割り

香り高い果皮を使って

オレンジピールの漬込み酒

[漬込み日数 **7〜10日**]

材料（300mlの保存瓶）
ブラックニッカ リッチブレンド
　…210ml
オレンジの皮 … 7g
砂糖 … 70g

作り方

① よく洗ったオレンジの皮は白いわたが入らないように薄くむく。

② 保存瓶に①と砂糖を入れ、ブラックニッカ リッチブレンドを注ぐ。

飲み方
ロック
お湯割り
トッピングに

トロピカルな味わい

パイナップル&クコの実の漬込み酒

[漬込み日数**7**日]

材料(300mlの保存瓶)
ブラックニッカ リッチブレンド
　…150ml
パイナップル…120g
クコの実…小さじ1
砂糖…50g

作り方
① パイナップルは2cm角に切る。
② 保存瓶に①とクコの実、砂糖を入れ、ブラックニッカ リッチブレンドを注ぐ。

PART2 liqueur recipe

飲み方

ストレート

ロック

ソーダ割り

上品な甘さとリッチな香り

ブルーベリー&
オレンジピールの漬込み酒

[漬込み日数**7**日]

材料（300mlの保存瓶）
ブラックニッカ リッチブレンド
　…150ml
オレンジの皮…7g
ブルーベリー…80g
砂糖…40g

作り方

① よく洗ったオレンジの皮は白いわたが入らないように薄くむく。

② 保存瓶に①とブルーベリー、砂糖を入れ、ブラックニッカ リッチブレンドを注ぐ。

飲み方

ロック

ソーダ割り

芳醇な甘味と香りを堪能して
マンゴーの漬込み酒
[漬込み日数**4**日]

材料（300mlの保存瓶）
ブラックニッカ リッチブレンド
　　… 150ml
マンゴー … 120g
レモン（輪切り）… 1枚
砂糖 … 20g

作り方
① マンゴーの果肉は2cm角に切る。
② 保存瓶に①とレモン、砂糖を入れ、ブラックニッカ リッチブレンドを注ぐ。

PART2 liqueur recipe

飲み方

ロック

ソーダ割り

ピリッとした辛味が心地よい
新しょうがの漬込み酒

[漬込み日数**5日**]

材料（300mlの保存瓶）
ブラックニッカ リッチブレンド
　　…200ml
新しょうが…20g
砂糖…40g

作り方
① 新しょうがは皮をむいて薄切りにする。
② 保存瓶に①と砂糖を入れ、ブラックニッカ リッチブレンドを注ぐ。

飲み方

ストレート

ロック

ソーダ割り

甘いパインとビターなライムが合う
パイナップル&ライムの漬込み酒
[漬込み日数**7日**]

材料(300mlの保存瓶)
ブラックニッカ
　ディープブレンド … 150ml
パイナップル … 100g
ライム(輪切り) … 1枚
砂糖 … 30g

作り方
① パイナップルは2cm角に切る。ライムは皮と白いわたを取る。
② 保存瓶に①、砂糖を入れ、ブラックニッカ ディープブレンドを注ぐ。

Arrange
取り出した果物をオーブンでソフトドライフルーツに。アレンジレシピはP.65へ。

PART2 liqueur recipe

飲み方

ロック

ソーダ割り

牛乳割り

やわらかな甘味と酸味
ブルーベリーの漬込み酒
[漬込み日数**7日**]

材料（300mlの保存瓶）
ブラックニッカ
　ディープブレンド … 150ml
ブルーベリー … 120g
砂糖 … 50g

作り方
① 保存瓶に、ブルーベリーと砂糖を入れ、ブラックニッカ ディープブレンドを注ぐ。

飲み方
- ストレート
- ロック
- ソーダ割り

甘味の強いルビーで飲みやすく
グレープフルーツの漬込み酒

[漬込み日数**7**日]

材料（300mlの保存瓶）

ブラックニッカ
　ディープブレンド … 150ml
グレープフルーツ（ルビー）
　… 1/2個（120g）
砂糖 … 30g

作り方

1. グレープフルーツは皮をむいて果肉を取り出す。
2. 保存瓶に①と砂糖を入れ、ブラックニッカ ディープブレンドを注ぐ。

PART2 liqueur recipe

飲み方

ロック

ソーダ割り

牛乳割り

さわやかメロンにバニラの香り

メロン&バニラの漬込み酒

[漬込み日数**6日**]

材料（300mlの保存瓶）

ブラックニッカ
　ディープブレンド … 150ml
メロン … 1/8個（120g）
バニラビーンズ（さやのもの）
　… 1/2本
砂糖 … 30g

作り方

① メロンの果肉は2cm角に切る。バニラビーンズのさやは縦に切り込みを入れ、包丁の背で種（バニラビーンズ）をこそげ取る。

② 保存瓶に①のメロンとバニラビーンズ、バニラビーンズのさや、砂糖を入れ、ブラックニッカディープブレンドを注ぐ。

飲み方

ロック

ソーダ割り

お茶とウイスキーの木樽の香りが調和

煎茶の漬込み酒

[漬込み日数 **6〜12**時間]

材料(300mlの保存瓶)

ブラックニッカ
　ディープブレンド … 280ml
煎茶 … 10g(ティーバッグ2g×
　5袋)
ガムシロップ … 1/2個(5g)

作り方

① 煎茶を不織布素材のお茶パックに入れる(ティーバッグを使う場合は紙のタグを切る)。

② 保存瓶に①を入れてブラックニッカ ディープブレンドを注ぎ、ガムシロップを加える。

PART2 liqueur recipe

飲み方

ストレート

ロック

牛乳割り

プチプチ食感のごまが美味

黒ごまの漬込み酒

[漬込み日数 **3日**]

材料（300mlの保存瓶）
ブラックニッカ
　ディープブレンド … 280ml
黒炒りごま … 小さじ2（約6g）
ガムシロップ … 1個（10g）

作り方
❶ 保存瓶に黒炒りごまを入れてブラックニッカ ディープブレンドを注ぎ、ガムシロップを加える。

※黒ごまは取り出さずに飲すのがおすすめ

取り出した果物のアレンジレシピ

Arrange
芳醇な香りのジャムが完成
いちご&ブルーベリージャム
漬込み酒はP.38

材料(漬込み果物1回分)
取り出したいちごとブルーベリー … 1回分
水 … 100ml　砂糖 … 30g
レモン汁 … 小さじ2

作り方

❶ いちごとブルーベリー、水、砂糖を鍋に入れて火にかける。いちごは木べらで軽くつぶし、7〜8分煮詰める。

❷ とろみがついてきたら火を止めて、レモン汁を加える。

Arrange
野菜や焼いた肉にかけて
オレンジ&グレープフルーツソース
漬込み酒はP.50

材料(漬込み果物1回分)
取り出したオレンジとグレープフルーツ
　… 1回分
水 … 100ml

A｜ 塩 … 小さじ1/4
　｜ 粗びき黒こしょう … 少々

オリーブオイル … 大さじ1

作り方

❶ オレンジとグレープフルーツ、水を鍋に入れて2〜3分煮る。

❷ Aを入れてひと煮立ちさせ、火を止めてオリーブオイルを加える。

果肉感が残るドライフルーツ

きんかんとパイナップル＆ライムのソフトドライ

漬込み酒は P.45、P.58

材料(漬込み果物1回分)
取り出したきんかん … 1回分
取り出したパイナップルとライム … 1回分

作り方
1. きんかんは種を取り、パイナップル、ライムとともにキッチンペーパーにはさんで水気を取る。
2. 天板に果物すべてを重ならないように並べ、オーブンに入れる。100℃に設定して、1時間〜1時間半ほど加熱し、乾燥させる。

豊かな香りがチーズとベストマッチ

プルーンクリームチーズ

漬込み酒は P.41

材料(漬込み果物1回分)
取り出したプルーン … 1回分
クリームチーズ … 150g
メイプルシロップ … 小さじ1

作り方
1. プルーンは粗く刻む。
2. 常温に戻したクリームチーズに①とメイプルシロップを加えてよく混ぜる。お好みでクラッカーや薄切りのバゲットを添える。

ウイスキーの基本の飲み方

ウイスキーは、飲み方によって様々な味や香りの違いが楽しめるんじゃ。
好みで調整できるのもウイスキーの魅力じゃが、
ここでは、わしがおすすめする基本の飲み方を伝授するぞい!

ハイボール

グラスに氷をたっぷり入れ、ウイスキー(40ml)を注ぐ。グラスを傾けながら、冷やしておいた炭酸水(120ml)を氷に当てないようにていねいに注ぎ、軽く混ぜる。

水割り

グラスにウイスキーと、水を注ぐ。分量は1:2がおすすめ。最後に大きめの氷を3個入れ、マドラーでよく混ぜ、30秒ほど待つ。

ロック

大きめの氷をロックグラスに入れ、ウイスキーを注ぐ。氷は市販の純氷がおすすめ。クラッシュアイスを使えば、水割り感覚が楽しめるウイスキーミストに。

ウイスキーフロート

氷を2、3個入れたグラスに水を7分目まで入れる。そこにウイスキーを静かに注ぎ、水の上にウイスキーを浮かべる。一杯でストレートから水割りまでの味の変化が楽しめる。

PART3
おつまみ

ブラックニッカを使った大人の味から、
ウイスキーを使わない簡単レシピまで。
お酒の肴にぴったりのおつまみを
ご紹介します。

とろ〜り卵の簡単おつまみ

ウイスキー漬け半熟卵

材料（2人分）

A
- ブラックニッカ クリア … 大さじ1
- 水 … 大さじ3
- しょうゆ … 大さじ2
- ブラウンシュガー … 大さじ1

卵 … 2個

作り方

① 小鍋にAを入れて煮立たせ、冷まして保存袋に入れる。

② 鍋に湯を沸かし、卵をそっと入れて6分30秒茹でる。冷水にとって冷めたら殻をむき、①に入れる。空気を抜くように袋の口を閉じ、冷蔵庫で一晩以上置く。

 チーズのような濃厚な味に

豆腐のウイスキー味噌漬け

材料(2人分)

豆腐(絹ごし) … 1/2丁(150g)

A
- ブラックニッカ クリア … 大さじ1
- 味噌 … 60g
- 砂糖 … 大さじ1と1/2

作り方

1. 豆腐は水気をきる。耐熱容器にAを入れて混ぜ、電子レンジで40秒加熱してよく混ぜて冷ます。

2. ラップに①の味噌半量を延ばす。ガーゼ(又はクッキングペーパー)で豆腐を包んでのせ、残りの味噌で覆い、ラップで包む。冷蔵庫で一晩以上置く。

※豆腐の代わりにモッツァレラチーズや長いもを漬けても。

さっぱり風味で箸休めにぴったり

ウイスキーピクルス

材料(2人分)

きゅうり … 1/2本
大根 … 3cm
セロリ … 6cm

A
- ブラックニッカ クリア … 大さじ2
- 酢、水 … 各50ml
- 砂糖 … 大さじ1
- 塩 … 小さじ1/2

レモン(輪切り) … 1枚

作り方

① きゅうり、大根、セロリは一口大に切る。

② 小鍋にAを入れて沸かし、冷まして保存袋に入れる。①を入れてレモンを加え、空気を抜くように袋の口を閉じ、冷蔵庫で一晩以上置く。

昆布の旨味がじんわり

ウイスキー昆布〆

材料（2人分）

ブラックニッカ クリア
　… 大さじ1
昆布（6×15cm）… 3枚
鯛（刺身用）… 100g
塩 … 適量
芽ねぎ … 適宜

作り方

① 昆布にブラックニッカ クリアをまぶしておく。鯛はそぎ切りにする。

② 昆布を広げ、鯛の半量を重ならないように並べて薄く塩をふり、昆布をかぶせる。同様に残りの鯛と昆布を重ねる。ラップで包み、冷蔵庫で一晩置く。お好みで芽ねぎを添える。

ウイスキーの風味が溢れ出す

ウイスキーから揚げ

材料(2人分)

鶏もも肉… 大1枚

A
| ブラックニッカ クリア … 大さじ1
| しょうゆ … 大さじ1
| にんにく(すりおろし) … 少々

B
| 小麦粉 … 大さじ2
| 片栗粉 … 大さじ1

揚げ油 … 適量

レモン(くし形切り) … 1/8個

作り方

❶ 鶏肉は大きめの一口大に切り、保存袋に入れて**A**を加えて揉み込む。冷蔵庫で1時間以上置く。

❷ ボウルに**B**を合わせ、①の汁気を軽くきって入れ、まぶしつける。

❸ 揚げ油を170℃に熱し、②を入れて薄く色づくまで揚げる。一度取り出して油の温度を180℃に上げ、鶏肉を戻し入れてカリッとなるまで揚げる。しっかりと油をきって器に盛り、レモンを添える。

ふわっとウイスキーの香り

あさりのウイスキー蒸し

材料(2人分)
ブラックニッカ ディープブレンド … 大さじ2
あさり(殻付き) … 300g
にんにく … 1かけ
ミニトマト … 10個
イタリアンパセリ(粗みじん切り) … 1枝分

作り方

❶ あさりは砂抜きをする。にんにくはみじん切りにする。ミニトマトはヘタを取る。

❷ フライパンに水気をきったあさりとにんにく、ブラックニッカ ディープブレンドを入れて火にかけ、沸騰したら蓋をして蒸し焼きにする。あさりの殻が開いたらミニトマトを加えて軽く炒め、器に盛ってイタリアンパセリをふる。

パンにつけてリッチな味わいに

ウイスキーレーズンバター

材料(2人分)

ブラックニッカ リッチブレンド
　…適量

レーズン … 30g

バター(食塩不使用) … 100g

氷 … 適量

作り方

❶ ブラックニッカ リッチブレンドにレーズンを漬けて一晩置く。

❷ ボウルに水気をきったレーズンと常温に戻したバターを入れてよく混ぜ、ラップで棒状に包んで冷蔵庫で冷やす。食べる分だけ1cm幅に切って、氷を敷いた器に盛る。

※レーズンがオイルコーティングされている場合は、熱湯にくぐらせてコーティング油脂を落とします。その後水気をよくふき取って使用してください。

 野菜がほんのり華やかな香りに
ウイスキー蒸し野菜

材料(2人分)
ブラックニッカ リッチブレンド
　… 大さじ2
キャベツ … 1/8個
玉ねぎ … 1/2個
かぼちゃ … 100g
パプリカ(赤) … 1/4個
ウインナー … 5本
塩 … ひとつまみ

作り方
1. キャベツ、玉ねぎ、かぼちゃ、パプリカは食べやすい大きさに切る。ウインナーは縦半分に切る。
2. 厚手の鍋に材料をすべて入れ、蓋をして火にかけ、20分蒸す。

なめらかでコクのあるおいしさ
ウイスキーレバーペースト

材料（作りやすい分量）
ブラックニッカ リッチブレンド … 大さじ3
鶏レバー … 200g
牛乳 … 適量
玉ねぎ … 1/4個
セロリ … 5cm
油 … 大さじ1
塩 … 小さじ1/4
バター … 30g
バゲット … 適量

作り方

❶ 鶏レバーは筋を取り除いて水で洗う。水気をきってボウルに入れ、ひたひたまで牛乳を注いで冷蔵庫で1時間以上置く。玉ねぎとセロリは薄切りにする。

❷ 鍋に油を熱し、玉ねぎとセロリを入れて炒める。しんなりしてきたら鶏レバーを牛乳から取り出して入れ、ブラックニッカ リッチブレンドと塩を加えて炒める。水分がほとんどなくなるまで弱火で煮詰め、火を止めて粗熱を取る。

❸ ②をフードプロセッサーに移して攪拌し、なめらかにする。バターを少しずつ加えてさらに攪拌する。

❹ ココット（又は保存容器）に移す。ラップを密着させ、冷蔵庫で一晩以上置く。薄切りにしたバゲットを添える。

おつまみにぴったりのタパス

蒸しタコとじゃがいものガリシア風

材料(2人分)

じゃがいも … 1個

茹でタコの足 … 150g

A | ブラックニッカ クリア … 大さじ2
  | 水 … 50ml

パセリ(みじん切り) … 適量

パプリカパウダー、一味唐辛子 … 各少々

作り方

❶ じゃがいもはアルミホイルで包む。

❷ フライパンに①とタコとAを入れて火にかけ、沸騰したら蓋をして弱火で30分蒸す。火を止めて触れるくらいまで冷ましたら、タコと皮をむいたじゃがいもを一口大に切る。

❸ 器に盛り、パセリとパプリカパウダー、一味唐辛子をふる。

濃厚なチーズソースで召し上がれ

アスパラガスソテーとチーズソース

材料（2人分）

ブラックニッカ リッチブレンド
　… 大さじ2
グリーンアスパラガス … 6本
生クリーム … 50ml
溶けるチーズ … 50g
オリーブオイル … 小さじ1

作り方

1. アスパラガスは固い部分の皮をむき、長さを半分に切る。

2. フライパンにオリーブオイルを熱し①を焼く。ブラックニッカ リッチブレンドを加え、蓋をして蒸し焼きにし、器にのせる。

3. ②のフライパンに生クリームとチーズを入れて溶かし、②のアスパラガスにかける。

ウイスキー香るフィンガーフード

エビとアボカドと
ミニトマトのカクテル

材料(2人分)

ブラックニッカ リッチブレンド
　… 小さじ1
ワンタンの皮 … 6枚
ボイルむきエビ … 40g
アボカド … 1/2個
ミニトマト … 6個
A ┃ マヨネーズ … 小さじ2
　┃ レモン汁 … 小さじ1
　┃ ケチャップ … 少々

作り方

❶ ワンタンの皮はタルト型にカップの形になるように入れて、トースターで3〜4分焼く。

❷ エビにブラックニッカ リッチブレンドをまぶす。アボカドは1cm角、ミニトマトはヘタを取って4等分に切る。

❸ ボウルで**A**と②をあえる。①のカップに等分にのせる。

焼き野菜が香ばしいマリネ

しいたけと長ねぎとベーコンの ウイスキーバルサミコマリネ

材料（2人分）

しいたけ … 4枚
長ねぎ … 1/2本
ベーコン（ブロック）… 50g
オリーブオイル … 大さじ1
A
　ブラックニッカ
　　ディープブレンド … 大さじ1
　オリーブオイル … 大さじ2
　バルサミコ酢 … 大さじ1/2

作り方

❶ しいたけは石づきを取って半分に、長ねぎは4cm長さ、ベーコンは拍子木切りにする。

❷ フライパンにオリーブオイルを熱し、①を焼く。全体に焼き色がついたら火を止め、キッチンペーパー等で油をふき取る。Aを入れてなじませる。

味が染みてほろっとやわらか
ウイスキー角煮

材料(2人分)

豚バラ肉(ブロック) … 400g

パクチー … 1株

長ねぎ … 5cm

A
- ブラックニッカ クリア … 100ml
- 水 … 300ml
- しょうが(薄切り) … 1かけ分

しょうゆ … 大さじ3

ブラウンシュガー … 大さじ2

作り方

❶ 豚肉は6等分に切る。パクチーはざく切りに、長ねぎは千切りにして水にさらし、水気をきる。

❷ 鍋に①の豚肉とたっぷりの水を入れて沸かし、弱火にして30分茹でる。蓋をして火を止め、余熱で30分置く。湯を捨ててAを入れ、ひと煮立ちさせたら弱火で30分煮る。

❸ しょうゆとブラウンシュガーを加え、弱火で2時間ほど、煮汁が半分くらいになるまで煮る。

❹ ③を器に盛り、①のパクチーと長ねぎをのせる。

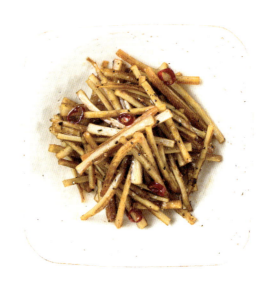

いつものきんぴらが深みのある香りに

ウイスキーきんぴらごぼう

材料(2人分)

ごぼう … 30cm

油 … 小さじ1

A
- ブラックニッカ ディープブレンド … 大さじ1
- しょうゆ … 小さじ2
- 砂糖 … 小さじ2
- 赤唐辛子(小口切り) … 1本分

粗びき黒こしょう … 適量

作り方

❶ ごぼうは皮をこそげ取り、細切りにする。

❷ フライパンに油を熱し、①を入れて炒める。全体に油がまわったらAを加え、汁気がなくなるまで炒める。粗びき黒こしょうをふってさっと炒める。

牡蠣の旨味がギュッと凝縮

牡蠣のウイスキーオイル漬け

材料（作りやすい分量）

ブラックニッカ
　ディープブレンド … 大さじ1
牡蠣（生食用）… 250g
A ┃ オイスターソース … 小さじ2
　┃ しょうゆ … 小さじ1/2
B ┃ ローリエ … 1枚
　┃ 赤唐辛子 … 1本
　┃ オリーブオイル … 適量

作り方

1. 牡蠣は塩水の中でふり洗いして、ひだの汚れを落とす。
2. ①をフライパンでから煎りし、ブラックニッカ ディープブレンドを回しかける。Aを加えて水気がなくなるまで煮る。
3. 保存容器に冷ました②を入れ、Bをひたひたに注ぎ、冷蔵庫でなじませる。

ディルの香りがさわやか

スモークサーモンとクリームチーズのカナッペ

ウイスキー不使用

材料(2人分)

A
- クリームチーズ(常温に戻す) … 50g
- マヨネーズ … 大さじ1
- ケイパー(粗みじん切り) … 小さじ1
- ディル(粗みじん切り) … 1枝分

クラッカー(あれば全粒粉) … 6枚
スモークサーモン … 6枚
ディル … 飾り用に適量

作り方

❶ Aをよく混ぜてクラッカーに等分に塗り、スモークサーモンを1枚ずつのせる。ちぎったディルを飾る。

ひと口サイズのかわいいおつまみ

グリルズッキーニと
オリーブスプレッド

(ウイスキー不使用)

材料(2人分)

ズッキーニ … 1/2本
グリーンオリーブ(種抜き)
　… 5粒(30g)
アンチョビ(フィレ) … 2切れ
A ｜ オリーブオイル … 小さじ1
　｜ レモン汁 … 少々
ピンクペッパー(ホール) … 適宜

作り方

❶ ズッキーニは1.5cm幅に切る。

❷ フードプロセッサーにオリーブとアンチョビ、Aを入れて撹拌する。

❸ フライパンにオリーブオイル(分量外)を薄くひいて熱し、①を両面焼く。器に並べ、②を等分にのせ、お好みでピンクペッパーを1粒ずつのせる。

燻製の香りと食感が楽しめる

いぶりがっこクリームチーズポテトサラダ

(ウイスキー不使用)

材料(2人分)

- いぶりがっこ … 30g
- クリームチーズ … 40g
- じゃがいも … 大1個(150g)
- A
  - 塩 … ひとつまみ
  - 酢 … 少々
- マヨネーズ … 大さじ1
- 小ねぎ(小口切り) … 1〜2本分

作り方

❶ いぶりがっこは細切りにする。クリームチーズは常温に戻す。

❷ じゃがいもは皮をむき、茹でて粗くつぶし、Aを混ぜる。

❸ 粗熱が取れたらクリームチーズとマヨネーズを加えて混ぜ、いぶりがっこと小ねぎを加えてさっとあえる。

ひと手間で香ばしいおつまみに

オイルサーディンのしょうゆ焼き

(ウイスキー不使用)

材料(2人分)
にんにく … 1かけ
玉ねぎ … 1/8個
オイルサーディン … 1缶
しょうゆ … 少々
小ねぎ(小口切り) … 1本分
削りかつお節 … 適量

作り方

❶ にんにくは薄切りにする。玉ねぎは薄切りにして水にさらす。

❷ オイルサーディンは油を少し捨て、耐熱容器に入れる。にんにくとしょうゆを加え、トレーを敷いたトースターで焼く。オイルがクツクツしたら取り出し、玉ねぎ、小ねぎ、かつお節をのせる。

とろっとした具とパリパリの皮が楽しい

角切りまぐろとアボカドの春巻き

(ウイスキー不使用)

材料(2人分)
まぐろ赤身(刺身用) … 100g
アボカド … 1/2個
A | しょうゆ … 小さじ1
　| わさび … 少々
春巻きの皮 … 4枚
水溶き小麦粉(水と小麦粉を1:1で溶く) … 適量
揚げ油 … 適量

作り方

❶ まぐろとアボカドは1cm角に切り、Aをまぶす。

❷ 春巻きの皮を広げ、①を1/4量のせて包む。巻き終わりに水溶き小麦粉を塗って留める。同様にあと3本作る。

❸ フライパンに油を深さ1cmほど注いで熱し、②を両面きつね色になるまで揚げる。

PART3 appetizers recipe

チーズ好きにはたまらない！
れんこんブルーチーズ焼き

(ウイスキー不使用)

材料（2人分）
れんこん … 小1節
ブルーチーズ … 30g
はちみつ … 適宜

作り方

① れんこんは皮つきのままよく洗い、7mmほどの厚さに切る。

② フライパンにれんこんを並べ、ブルーチーズをちぎってまんべんなくのせる。火にかけて両面を焼き、器に盛る。お好みではちみつをかける。

ニッカウヰスキーの蒸溜所

ニッカウヰスキーには竹鶴政孝がウイスキーづくりに最適な環境とした、「余市」と「宮城峡」、ふたつの蒸溜所があるんじゃ。異なる気候、風土だからそれぞれ異なった個性を持つ原酒になるんじゃよ。

余市蒸溜所 ご案内係
☎ 0135-23-3131
受付時間:9:00～12:00、
13:00～15:30、閉門17:00
(休業日を除く)
休業日:年末年始

ニッカウヰスキーの原点、厳しくも清らかな北の大地
北海道工場・余市蒸溜所

創業者・竹鶴政孝は、スコットランドに似た冷涼で湿潤な気候、豊かな水源と凛と澄んだ空気がそろった場所こそが、理想のウイスキーづくりには欠かせないと考え、積丹半島の付根に位置する余市を選びました。また、モルトウイスキーの原料である大麦や、スモーキーなフレーバーを加えるためのピート(草炭)が豊富であることも好条件でした。創業時と変わらない伝統の技、ウイスキーづくりへの情熱が力強く重厚なモルト原酒を育んでいます。

宮城峡蒸溜所 ご案内係
☎ 022-395-2865
受付時間:9:00～11:30、
12:30～15:30、閉門16:30
(休業日を除く)
休業日:年末年始

ふたつの清流に恵まれた緑豊かな渓谷
仙台工場・宮城峡蒸溜所

「異なる蒸溜所で生まれた複数の原酒をブレンドすることで、ウイスキーはより味わい深く豊かになる」という信念を抱く竹鶴にとって、第二の蒸溜所はどうしても必要なものでした。広瀬川と新川という2つの清流に恵まれたこの地を訪れた時、竹鶴は新川の清流で持っていたブラックニッカを割って飲み、味わいを確認。その場で建設を決定したと言われています。宮城峡蒸溜所では、華やかでおだやかなモルト原酒とともに新しい試みが次々と生まれています。

※2018年4月時点の情報です。

PART4
スイーツ

ブラックニッカを使った
大人のスイーツレシピをご紹介。
ほんのりとしたウイスキーの香りで、
ちょっとリッチなスイーツタイムを過ごして。

ふんわりお酒が香る大人のチョコ
ウイスキーレーズン生チョコ

材料（8×12cmの流し缶1缶分）

ブラックニッカ
　リッチブレンド … 大さじ2
レーズン … 20g
チョコレート … 100g
生クリーム … 大さじ2
ココアパウダー … 適量

作り方

❶ 保存容器にブラックニッカ リッチブレンドとレーズンを入れて一晩置く。

❷ チョコレートは粗く刻み、湯煎して溶かす。生クリームと①を加えて混ぜ、オーブンシートを敷いた流し缶（なければ小さいバットや保存容器でも可）に入れて冷蔵庫で冷やす。

❸ ②を包丁で切りわけ、ココアパウダーをまぶしつける。

※レーズンがオイルコーティングされている場合は、熱湯にくぐらせてコーティング油脂を落とします。その後水気をよくふき取って使用してください。

大人のためのおしゃれなデザート

ウイスキー香る バゲットフレンチトースト

材料（2人分）

バゲット … 10cm

A
- ブラックニッカ リッチブレンド … 大さじ1
- 卵 … 1個
- 牛乳 … 50ml
- 黒糖 … 小さじ1

バター … 10g

B
- ココアパウダー、黒糖 … 各適量

はちみつ … 適宜

作り方

1. バゲットは4等分に切る。
2. ボウルに**A**を入れて泡立て器でよく混ぜ、バゲットを入れる。5分したら裏返して両面に卵液をしみ込ませる。
3. フライパンにバターを熱し、②を両面に焼き色がつくまで焼く。器に盛って**B**をふり、お好みではちみつをかける。

バターの香り豊かなプレーンクッキー
ウイスキーバタークッキー

材料（20枚分）
ブラックニッカ クリア … 大さじ1
A｜薄力粉 … 60g
　｜アーモンドプードル … 40g
バター（食塩不使用）… 50g
ブラウンシュガー … 30g
卵黄 … 1個分
塩 … ひとつまみ

作り方
❶ Aは合わせてふるう。バターは常温に戻す。
❷ ボウルに①のバターを入れ、ブラウンシュガー、卵黄、塩、ブラックニッカ クリアを順に加えてその都度よく混ぜる。①のAを入れてゴムベラで粉気がなくなるまで混ぜる。
❸ 直径4cmの棒状になるようにラップで包み、冷凍庫で1時間冷やす。
❹ オーブンを180℃に予熱する。③を1cm幅に切り、オーブンシートを敷いた天板に間隔を空けて並べ、15分ほど焼く。

オレンジとお酒の香りが際立つ

ウイスキーオレンジマフィン

材料(マフィン型4個分)

オレンジ(5mm幅の輪切り) … 1枚

A
- ブラックニッカ リッチブレンド … 大さじ1
- 砂糖 … 大さじ1
- シナモンパウダー … 少々

卵 … 1個

ブラウンシュガー … 30g

はちみつ … 大さじ1

オリーブオイル … 40ml

B
- 薄力粉 … 50g
- アーモンドプードル … 50g

作り方

❶ マフィン型にオリーブオイル(分量外)を薄く塗る。オレンジは4等分に切り、**A**をまぶしておく。

❷ ボウルに卵を割り入れて泡立て器で混ぜ、ブラウンシュガーとはちみつを加えてよく混ぜる。オリーブオイルを少しずつ加えて混ぜ、**B**をふるい入れて、ゴムベラで粉気がなくなるまで混ぜる。

❸ オーブンを170℃に予熱する。②の生地をマフィン型に等分に流し入れて①のオレンジを1切れずつのせ、オーブンで25分ほど焼く。粗熱が取れたら型から外してオレンジを漬けたシロップの残りを表面に刷毛で塗り、冷めたらラップに包む。

※一晩置くとシロップがなじみ、よりしっとりおいしくなります。

しっとり濃厚な味わい

ウイスキーバナナケーキ

材料（6×7×17cmのパウンド型1台分）

ブラックニッカ ディープブレンド … 大さじ2

バナナ（完熟）… 2本（正味150g）

バター（食塩不使用）… 60g

黒糖 … 30g

砂糖 … 30g

卵 … 1個

A │ 薄力粉 … 150g
　│ ベーキングパウダー … 小さじ1/2

ドライクランベリー … 大さじ1

作り方

❶ パウンド型にオーブンシートを敷く。バナナはフォークで粗くつぶしてブラックニッカ ディープブレンドをまぶす。バターは常温に戻す。

❷ ボウルに①のバターを入れ、黒糖と砂糖を加えてクリーム状になるまで泡立て器でよく混ぜる。卵を溶いて少しずつ加えて混ぜる。Aをふるい入れてゴムベラでさっくり混ぜ、クランベリーと①のバナナをウイスキーごと加えて粉気がなくなるまで混ぜる。

❸ オーブンを170℃に予熱する。②の生地をパウンド型に流し入れて平らにならし、中央にナイフで切り込みを入れてオーブンで40〜50分ほど焼く。型から外し、ブラックニッカ ディープブレンド適量（分量外）を刷毛で塗る。

※一晩置くとウイスキーがなじみ、よりしっとりおいしくなります。
※クランベリーがオイルコーティングされている場合は、熱湯にくぐらせてコーティング油脂を落とします。その後水気をよくふき取って使用してください。

濃厚なブラウニーに栗がゴロゴロ

栗とウイスキーの
ブラウニー

材料（6×7×17cmのパウンド型1台分）
ブラックニッカ ディープブレンド … 大さじ1
栗の甘露煮 … 70g
チョコレート（スイート）… 100g
バター（食塩不使用）… 40g
卵 … 1個
薄力粉 … 30g
粉砂糖 … 適量

作り方
❶ パウンド型にオーブンシートを敷く。栗は半分に切る。
❷ チョコレートは粗く刻み、バターと合わせて湯煎して溶かす。卵を溶いて加え、泡立て器でよく混ぜる。薄力粉をふるい入れてゴムベラでさっくり混ぜ、①の栗とブラックニッカ ディープブレンドを加えて粉気がなくなるまで混ぜる。
❸ オーブンを170℃に予熱する。②の生地をパウンド型に流し入れて平らにならし、オーブンで40〜50分ほど焼く。冷めたら型から取り出して天面に粉砂糖をふり、1.5cm幅に切る。

お酒の余韻が残る大人のデザート
ウイスキーレアチーズケーキ

材料（直径15cmの底が抜ける丸型1台分）
クリームチーズ … 100g
バター … 40g
粉ゼラチン … 5g
水 … 大さじ2
ビスケット … 50g
砂糖 … 40g
プレーンヨーグルト … 70g
レモン汁 … 大さじ1

A
- ブラックニッカ リッチブレンド … 大さじ2
- レモンの皮（すりおろし）… 1/2個分
- 生クリーム … 60ml

作り方
❶ クリームチーズとバターは常温に戻す。粉ゼラチンは水にふり入れてふやかす。

❷ ビスケットは細かく砕いて①のバターを加えて混ぜ、丸型の底に敷き詰める。

❸ ボウルに①のクリームチーズを入れて泡立て器でなめらかになるまでよく混ぜる。砂糖、ヨーグルト、レモン汁を順に加えてその都度よく混ぜる。①のふやかしたゼラチンを電子レンジで30秒加熱して溶かし、加える。ざるで濾して**A**を加え、ゴムベラで混ぜる。②の型に流し入れ、冷蔵庫で冷やし固める。

さつまいもの形をそのまま生かして
ウイスキースイートポテト

材料(さつまいも1本分)
ブラックニッカ クリア … 大さじ1
さつまいも … 中1本(200g)

A
- ブラウンシュガー … 20g
- 卵黄 … 1個分(つや出し用に小さじ1ほど別に取り置く)
- 生クリーム … 大さじ2
- バター … 10g

作り方

❶ さつまいもは皮ごとよく洗い、キッチンペーパーなどに包んで水で濡らす。耐熱皿にのせてふんわりとラップをかけ、電子レンジで3分ほど、竹串がスッと通るまで加熱する。触れるくらいまで冷めたら縦半分に切り、皮の厚みを5mmほど残してスプーンでくり抜く。

❷ 耐熱ボウルにくり抜いたさつまいもを入れてブラックニッカ クリアをまぶし、ラップをかけて電子レンジで1分加熱する。熱いうちにフォークの背でなめらかになるまでつぶし、Aを上から順に加えてその都度よく混ぜる。

❸ ②の生地を①のさつまいもの皮に詰め、別に取り置いた卵黄を刷毛で塗る。トースターで表面に焼き色がつくまで焼き、冷めたら食べやすく切りわける。

 ほんのり溶けたアイスを絡めて

ウイスキー焼きりんご

材料(2〜3人分)

ブラックニッカ
　ディープブレンド … 大さじ2
りんご(あれば紅玉)
　…2個(400g)
A ｜ 砂糖 … 30g
　｜ バター … 20g
　｜ レモン汁 … 大さじ1
バニラアイス、
　シナモンパウダー … 各適量

作り方

❶ りんごは皮をむいて芯を取り除き、8等分のくし形に切る。

❷ フライパンに**A**を入れ、①を並べて火にかける。ふちが茶色くなってきたら上下を返すように混ぜる。4〜5分焼いて煮詰まり、全体が茶色くなってきたらブラックニッカ ディープブレンドを加える。煮汁にとろみがついたら火を止める。

❸ 器に盛り、アイスを添えてシナモンパウダーをふる。

PART 4 sweets recipe

香りを楽しむさわやかデザート

ウイスキーフルーツマリネ

材料（2人分）

いちご、オレンジ果肉、パイナップルなど … 合わせて200g

A
- ブラックニッカ リッチブレンド … 大さじ1
- バニラビーンズ（さやのもの） … 1/2本（なければバニラエッセンス少々）
- メイプルシロップ … 大さじ2

作り方

① 果物は食べやすく切る。

② Aのバニラビーンズのさやは縦に切り込みを入れ、包丁の背で種（バニラビーンズ）をこそげ取っておく。保存容器にAを入れてよく混ぜる。①の果物を入れてあえ、冷蔵庫で1時間以上冷やす。

芳醇な香りが広がるプリン
ウイスキープリン

材料(プリンカップ3個分)
ブラックニッカ リッチブレンド … 大さじ1
A│砂糖 … 30g
　│水 … 大さじ2
熱湯 … 大さじ1
牛乳 … 200ml
卵 … 1個
ブラウンシュガー … 大さじ1

作り方

❶ 小鍋に**A**を入れて煮詰める。茶色くなってきたら火から外し、熱湯を加えて鍋をゆするようにしてなじませる（※熱湯を入れるとカラメルがはねるので、鍋より一回り大きいざるをかぶせて、ざる越しに熱湯を入れる）。プリンカップに等分に流し入れ、冷蔵庫で冷やす。

❷ 牛乳を小鍋に入れて火にかけ、沸騰する前に火を止める。ボウルに卵を溶き、ブラウンシュガーを加えて泡立てないようにすり混ぜる。牛乳を少しずつ加えて混ぜ、ブラックニッカ リッチブレンドを加える。茶こしで濾しながら❶のプリンカップに等分に流し入れる。アルミホイルでひとつずつ口を覆う。

❸ フライパンに2cmほど水を入れて沸かし、底にふきんを敷いて、❷のプリンカップを並べ入れる。蓋をして弱火で10分、火を止めてそのまま10分放置する。粗熱が取れたら冷蔵庫で冷やす。型の内側に竹串を挿し、型に沿ってぐるりと一周させて器をのせ、ひっくり返して出す。

香り高いシロップをかけて
ウイスキーシロップ杏仁豆腐

材料（2人分）

粉ゼラチン … 5g

水 … 大さじ2

A
- 杏仁霜 … 大さじ1
- 牛乳 … 250ml
- 砂糖 … 大さじ1

生クリーム … 50ml

B
- ブラックニッカ ディープブレンド … 大さじ1
- 砂糖 … 大さじ1
- 水 … 大さじ2
- クコの実 … 10粒

マンゴー（さいの目切り）、ミント … 飾り用に各適量

作り方

❶ 粉ゼラチンは水にふり入れてふやかし、電子レンジで30秒加熱して溶かす。

❷ Aを鍋に入れてよく混ぜ、火にかけて沸騰する前に火を止める。①を入れてよく混ぜ、茶こしで濾して生クリームを加え、保存容器に注ぐ。粗熱が取れたら冷蔵庫に入れて冷やし固める。

❸ 小鍋にBを入れて1分ほど沸かして火を止め、粗熱が取れたら冷蔵庫に入れて冷やす。

❹ 器に②を取りわけて③のシロップを等分に注ぎ、マンゴーとミントを飾る。

ミルクと味わう至福のデザート
ウイスキーコーヒーゼリー

材料(2人分)

ブラックニッカ リッチブレンド
　… 30ml
水 … 300ml
粉寒天 … 小さじ1/2(1g)
インスタントコーヒー(顆粒)
　… 大さじ1(3g)
A │ 牛乳 … 大さじ1
　│ 練乳 … 大さじ1

作り方

❶ 鍋に水と粉寒天を入れてよく混ぜ、火にかける。沸騰したら弱火にして3分煮立たせる。インスタントコーヒーとブラックニッカ リッチブレンドを加えてひと煮立ちさせる。粗熱を取って器に等分に注ぎ、冷蔵庫に入れて冷やし固める。

❷ ①を大きく崩し、Aをよく混ぜてかける。

 レモン風味の白あんがさわやか
ウイスキーしぼり寒天

材料(3個分)

水 … 200ml

粉寒天 … 小さじ1(2g)

A ｜ ブラックニッカ
　　リッチブレンド … 50ml
　　メイプルシロップ … 大さじ1

白あん … 60g

レモンの皮(すりおろし)
　… 1/2個分

作り方

❶ 鍋に水と粉寒天を入れてよく混ぜ、火にかける。沸騰したら弱火にして3分煮立たせ、Aを加えて混ぜ、粗熱を取る。

❷ 白あんにレモンの皮を混ぜて3等分にする。

❸ カップにラップを敷いたものを3個用意し、①の寒天が固まる前に3等分にわけ、それぞれに②を入れる。ラップをしぼって口を輪ゴムで留め、冷蔵庫で冷やし固める。

お口直しにさっぱりと
ラズベリーウイスキーシャーベット

材料（作りやすい分量）

ブラックニッカ リッチブレンド
　… 大さじ3

粉ゼラチン … 3g

水 … 大さじ2

A｜水 … 60ml
　｜砂糖 … 40g

レモン汁 … 大さじ1

ラズベリー（冷凍）… 100g

作り方

❶ 粉ゼラチンを水にふり入れてふやかす。鍋にAを沸かしてよく混ぜ、砂糖が溶けたら火を止める。ふやかしたゼラチンを加えて溶かし、ブラックニッカ リッチブレンドとレモン汁を入れて冷ます。

❷ ミキサー（又はフードプロセッサー）にラズベリーを入れ、①を2回にわけて入れ撹拌する。なめらかになったら保存容器に入れて冷凍庫で凍らせる。2～3時間したらフォークで細かく崩すように混ぜる。これを1時間おきに2～3回繰り返す。

 甘酒と練乳でまろやかに
ウイスキー甘酒ミルクキャンディー

材料（アイスキャンディー型4本分）

ブラックニッカ リッチブレンド
　… 大さじ1
甘酒 … 100ml
牛乳 … 100ml
練乳 … 大さじ1
ミックスベリー（冷凍）… 50g

作り方

❶ 材料をすべて混ぜ合わせ、アイスキャンディー型に注ぐ。中心に棒を挿して冷凍庫で凍らせる。

※アイスキャンディー型がなければ、アイストレーに注いで小さなブロックアイスにしても。

ウイスキーができるまで

ウイスキーの歴史は、大麦麦芽が原料の
モルトウイスキーから始まったんじゃ。ここでは
モルトウイスキーができるまでの工程を解説するぞい。

1 厳選した原料を乾燥させる

厳選された二条大麦を発芽させたモルト（大麦麦芽）から、モルトウイスキーが作られます。キルン塔でピートを燃やし、モルトを乾燥させます。この過程でモルトウイスキー独特のスモーキーフレーバーがつきます。

2 大麦のデンプンを糖化させる

乾燥させた後のモルトを粉砕し、糖化槽に入れます。そこに約60℃の温水を加えて撹拌すると、大麦麦芽に含まれる酵素の働きが活性化し、大麦のデンプンが麦芽糖に変化します。こうして生まれた甘い麦汁が糖化液です。

3　酵母を加えて発酵させる

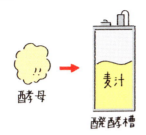

発酵槽に移した糖化液に酵母を加えて、発酵を促します。およそ72時間で麦汁に含まれた糖が発酵し、7〜8%のアルコール分を含んだビール状の液体に変化します。

4　蒸溜機でアルコールを取り出す

単式蒸溜機(ポットスチル)で発酵液からアルコールと香味を取り出します。蒸溜は2回行われ、アルコール分約70%の蒸溜液になります。蒸溜によって成分を取り出すことができるのは、水とアルコールの沸点に差があるためです。

5　貯蔵・熟成させて完成！

蒸溜液は樽に詰められ、貯蔵庫で熟成に入ります。液が歳月を経て、無色透明から琥珀色に変化していく工程を熟成といいます。代表的な樽材としてはホワイトオークが知られていますが、シェリー酒などの空樽が使われることもあります。

NIKKA WHISKY Lineup

ニッカウヰスキー公式Twitterで紹介している
主な商品ラインアップ

ニッカウヰスキーの個性豊かな商品の数々は、
様々なシーンで多くの人に愛されています。
ここではその中からいくつかの商品をご紹介します。

① シングルモルト余市

北海道 余市で育まれたシングルモルトウイスキー。重厚で力強く、複雑で深みのある味わい、スモーキーな余韻が特徴。

② シングルモルト宮城峡

2つの清流が出合う緑の峡谷で育まれたシングルモルトウイスキー。華やかでフルーティー、なめらかな味わいが特徴。

③ ザ・ニッカ12年

熟成を重ねたバラエティ豊かな原酒を厳選してブレンドした、プレミアムブレンデッドウイスキー。豊かなモルト香と華やかな香り。

④ スーパーニッカ

華やかな香りと穏やかなピートの香り、ウッディな樽熟成香。バランスのよいまろやかな味わいのブレンデッドウイスキー。

⑤ ⑥ ⑦ ⑧

⑤ **ニッカ　カフェモルト**
伝統的なカフェ式連続式蒸溜機を使用し、モルトだけでつくられたウイスキー。ほのかなバニラの香りとモルトの甘さを感じられる。

⑥ **ニッカ　カフェグレーン**
カフェ式連続式蒸溜機でつくられたグレーンウイスキー。ウッディなバニラ香、すっきりとした後味が特徴。

⑦ **アップルワイン**
りんごのワインにりんごブランデーを加えたうえ、ブランデー樽にて熟成させた原酒を一部使用。りんごの香りとまろやかな甘さが楽しめる。

⑧ **ニッカ シードル・スイート**
国産りんご100％でつくったスパークリングワイン。糖類・香料・着色料無添加でりんごそのもののみずみずしさが楽しめる。

EPILOGUE

「ウイスキーって、おもしろい」
多くの人に、ウイスキーのおいしさ、
そして楽しさを知ってもらいたい。
そんな思いで、ニッカウヰスキー公式Twitterは
日々新しいレシピを開発しています。
ご紹介したレシピの中から
気になるものをぜひ試してみてください。
きっと、ウイスキーの
新しい魅力が見つかるはずです。

ぜひフォローしておくれ!
@nikka_jp

使用ウイスキー別 INDEX

クリア	アレンジドリンク	ジンジャーローズマリーハイボール	10
		すだちハイボール	11
		ゆずトニックハイボール	12
		フローズンレモンソルティハイボール	13
		フローズンピーチハイボール 🍸	14
		Wアップルハイボール	17
		梅干しとはちみつのハイボール	19
		グレープフルーツとガリのハイボール	20
		グリーンウイスキー	25
		ウイスキーコーヒー	32
	漬込み酒	いちご&ブルーベリー	38
		りんご&シナモン	39
		みかん&レモン 🍸	40
		アールグレイ&ドライプルーン	41
		コーヒー&バニラ	42
		ミニトマト 🍸	43
		梅	44
		きんかん&はちみつ	45
		オレンジ&カモミール	46
		ローズヒップ&はちみつ	47
		もも缶	48
		ライム	49
	おつまみ	ウイスキー漬け半熟卵	68
		豆腐のウイスキー味噌漬け	69
		ウイスキーピクルス	70
		ウイスキー昆布〆	71
		ウイスキーから揚げ	72
		蒸しタコとじゃがいものガリシア風	80
		ウイスキー角煮	84
	スイーツ	ウイスキーバタークッキー	98
		ウイスキースイートポテト	108
リッチブレンド	アレンジドリンク	フローズンミックスベリーハイボール	15
		フローズンオレンジバルサミコハイボール	16
		ぶどうとアロエのハイボール	18
		フローズンパインとブラックタピオカのココナッツミルクウイスキー	22
		ブラッディウイスキー	23
		マンゴーヨーグルトウイスキー	27
		ももミルクウイスキー	28
		ホットショコラウイスキー 🍸	29
		甘酒ウイスキー 🍸	30
		ホットメイプルウイスキー	33

リッチブレンド	漬込み酒	オレンジ＆グレープフルーツ	50
		ラズベリー＆ブルーベリー	51
		オレンジ＆いちご🐦	52
		オレンジピール🐦	53
		パイナップル＆クコの実	54
		ブルーベリー＆オレンジピール	55
		マンゴー	56
		新しょうが	57
	おつまみ	ウイスキーレーズンバター	76
		ウイスキー蒸し野菜	77
		ウイスキーレバーペースト	78
		アスパラガスソテーとチーズソース	81
		エビとアボカドとミニトマトのカクテル	82
	スイーツ	ウイスキーレーズン生チョコ	96
		ウイスキー香るバゲットフレンチトースト	97
		ウイスキーオレンジマフィン	100
		ウイスキーレアチーズケーキ	106
		ウイスキーフルーツマリネ	111
		ウイスキープリン	112
		ウイスキーコーヒーゼリー	116
		ウイスキーしぼり寒天	117
		ラズベリーウイスキーシャーベット	118
		ウイスキー甘酒ミルクキャンディー	119
ディープブレンド	アレンジドリンク	ウイスキーメロンフロート	21
		アイスカフェキューブウイスキーミルク	24
		バナナ豆乳ウイスキー	26
		ウイスキーホットオレンジ	31
	漬込み酒	パイナップル＆ライム	58
		ブルーベリー	59
		グレープフルーツ	60
		メロン＆バニラ	61
		煎茶🐦	62
		黒ごま🐦	63
	おつまみ	あさりのウイスキー蒸し🐦	74
		しいたけと長ねぎとベーコンのウイスキーバルサミコマリネ	83
		ウイスキーきんぴらごぼう	86
		牡蠣のウイスキーオイル漬け🐦	87
	スイーツ	ウイスキーバナナケーキ	102
		栗とウイスキーのブラウニー	104
		ウイスキー焼きりんご	110
		ウイスキーシロップ杏仁豆腐	114

※🐦印のレシピはニッカウヰスキー公式Twitter発のものです。

STAFF

撮影　内山めぐみ

デザイン　菅谷真理子、髙橋朱里 (マルサンカク)

料理考案・スタイリング　井上裕美子 (エーツー)

調理補助　亀井真希子、堀金里沙 (エーツー)

編集協力　明道聡子 (リブラ舎)

イラスト　ナカオテッペイ

校正　麦秋新社

編集　安田遥 (ワニブックス)

ニッカウヰスキーアレンジレシピ
ブラックニッカでつくる92品

2018年5月30日　初版発行
2023年3月1日　2版発行
アサヒビール株式会社　監修

発行者　横内正昭
編集人　青柳有紀

発行所　株式会社ワニブックス
　　　　〒150-8482
　　　　東京都渋谷区恵比寿4-4-9　えびす大黒ビル
　　　　電話　03-5449-2711 (代表)
　　　　　　　03-5449-2716 (編集部)
　　　　ワニブックスHP　http://www.wani.co.jp/
　　　　WANI BOOKOUT　http://www.wanibookout.com/

印刷所　株式会社美松堂
製本所　ナショナル製本

定価はカバーに表示してあります。
落丁本・乱丁本は小社管理部宛にお送りください。送料は小社負担にてお取替え
いたします。ただし、古書店等で購入したものに関してはお取替えできません。
本書の一部、または全部を無断で複写・複製・転載・公衆送信することは法律で
認められた範囲を除いて禁じられています。

©アサヒビール株式会社 2018
ISBN 978-4-8470-9669-3